La forêt

Titre original de l'ouvrage : « El bosque»
© Parramón Ediciones, S.A.
© Bordas. Paris. 1991 pour la traduction française
I.S.B.N. 2-04-019322-7
Dépôt légal : Avril 1991

Traduction : C. Diaz-Bosetti (agrégée d'espagnol)
Adaptation : S. Gouffier (psychologue scolaire)

Imprimé en Espagne par
EMSA, Diputación, 116
08015 Barcelona, en mars 1991
Dépôt légal : B. 1.936-91
Numéro d'Éditeur : 785

la bibliothèque des tout-petits

I. Sanchez / C. Peris

La forêt

Bordas
Jeunesse

Aujourd'hui,
c'est notre première sortie en forêt
avec l'école.

Nous courons sous les grands arbres.
Nous sommes très impatients
à l'idée de découvrir les plantes
et les animaux.

La maîtresse nous montre
toutes sortes d'arbres:
–Approchez sans faire de bruit, chut!
Voici un écureuil sur
la branche du pin.

Cet arbre-là est un sapin,
il garde ses aiguilles vertes
toute l'année.

Le pivert a creusé son nid
dans le tronc du chêne,
mais il ne mange pas les glands.
Il se nourrit des larves qu'il trouve
sous l'écorce des arbres.

−Vous pouvez reconnaître les arbres en observant la taille, la couleur et la forme de leurs feuilles, explique la maîtresse.

Les bûcherons abattent des arbres:
avec le bois, on fait des maisons,
des meubles, du papier
et beaucoup d'autres choses...

–Tiens, un panneau...
Il est interdit d'allumer un feu en forêt:
la moindre étincelle peut provoquer
un incendie.

C'est merveilleux la forêt!
Sophie cueille des fleurs,
Antoine fait la chasse aux papillons.

–Tu vois ces gros champignons?
Ils sont très appétissants
mais il ne faut pas les cueillir,
ils sont peut-être dangereux.

Et maintenant, au milieu de la forêt,
nous dessinons toutes les parties
d'un arbre et d'une fleur.

Nous avons décidé de planter
un petit arbre chacun.
Quel travail!
Il a fallu creuser un trou,
mettre l'arbre bien droit
et tasser la terre tout autour.

La journée est finie.
Nous reviendrons bientôt
voir si nos arbres ont grandi.

LA FORÊT

La forêt, école de la nature

Une forêt, un bosquet, un jardin public. Autant de lieux pleins de richesses que parents et éducateurs peuvent utiliser pour d'agréables promenades où les enfants iront de découverte en découverte.

Arbres, plantes, animaux et insectes ont une vie très dépendante les uns des autres: chacun puise, dans la nature, les éléments nécessaires à sa croissance et à son développement. C'est le cycle de la vie et de la mort qui se renouvelle sans cesse. La sortie en forêt est donc un excellent moyen de susciter la réflexion de l'enfant, de stimuler ses facultés d'observation et d'enrichir ses connaissances.

L'environnement lui-même, la promenade et les jeux créent une atmosphère de détente et de plaisir qui favorise la découverte: l'adulte sollicite, oriente, rectifie et complète les observations. C'est ainsi que l'enfant apprend à aimer la nature et à la respecter.

Les arbres

Dans une forêt, il existe une grande variété d'arbres qui se différencient par la forme de leurs feuilles, l'aspect de leur tronc et de l'écorce, la forme, la structure et la couleur de leurs fleurs et de leurs fruits. Les espèces varient selon les particularités géographiques et climatiques, et l'observation pourra se compléter ultérieurement par les livres et des visites de jardins botaniques.

Les autres plantes

En forêt, les sous-bois sont constitués d'une végétation d'arbustes et de plantes herbacées, plus à la portée de l'enfant que les hautes futaies, donc facilement observables.

Les enfants sont naturellement attirés par les fleurs, les fruits et les champignons. L'éducateur doit être particulièrement attentif et fournir toutes les explications utiles car certaines cueillettes présentent de réels dangers. Il doit aider à l'enfant à reconnaître les espèces.

La distinction entre les plantes et les fruits comestibles et vénéneux, la reconnaissance des plantes médicinales sont indispensables et doivent faire l'objet d'explications précises à inclure absolument dans l'exploration de la forêt.

Les champignons sont particulièrement attrayants, mais ils exigent une attention spéciale car certains sont des poisons violents.

Les animaux

Il est parfois possible d'apercevoir quelques animaux comme des biches, des lapins, des lièvres ou des belettes, mais, le plus souvent, ils se cachent et ne sont pas observables dans leur milieu naturel. En revanche, la forêt est peuplée d'une foule d'insectes et de papillons que l'enfant peut observer à loisir; l'adulte doit être prêt à répondre à ses questions. Au retour, les livres préciseront les connaissances.

Tout au long de sa promenade l'enfant découvre que la vie en forêt est partout: au-dessus, autour de lui mais aussi sous la mousse, l'écorce des arbres, sous les cailloux et bien sûr sous la terre.

Encore une mise en garde indispensable contre les vipères et les scorpions dont les blessures sont très dangereuses, voire mortelles.

La forêt, c'est aussi le monde des oiseaux que l'on peut reconnaître au repos, en vol, à leur chant ou à la manière dont ils construisent leur nid.

La forêt en péril

La forêt est menacée par la pollution, les coupes sauvages et les incendies; l'enfant qui a appris très tôt à connaître et à aimer la forêt sera probablement disposé à la respecter, à la protéger et à la faire respecter.

Bordas Jeunesse

BIBLIOTHÈQUE DES TOUT-PETITS

de 3 à 5 ans

Conçue pour les enfants de 3 à 5 ans, la *Bibliothèque des tout-petits* leur permet de maîtriser des notions fondamentales mais un peu abstraites pour eux : la perception sensorielle, les éléments, le rythme des saisons, les milieux de vie...
Ses diverses séries, constituées en général de 4 titres pouvant chaucun être lu de manière autonome, en font une mini encyclopédie dont la qualité graphique, la précision et la fraîcheur de l'illustration sollicitent la sensibilité, l'imagination et l'intelligence du tout-petit.

LES QUATRE MOMENTS DU JOUR

Le matin
L'après-midi
Le soir
La nuit

LES QUATRE SAISONS

Le printemps
L'été
L'automne
L'hiver

LES QUATRE ÉLÉMENTS

La terre
L'air
L'eau
Le feu

LES ÂGES DE LA VIE

Les enfants
Les jeunes
Les parents
Les grands-parents

LES CINQ SENS

L'ouïe
Le toucher
Le goût
L'odorat
La vue

JE DÉCOUVRE

Je découvre le zoo
Je découvre l'aquarium
Je découvre les oiseaux
Je découvre la ferme

JE VOYAGE

En bateau
En train
En avion
En voiture

UN JOUR À

La mer
La montagne
La campagne
La ville

RACONTE-MOI...

Le petit arbre
Le petit lapin
Le petit oiseau
Le petit poisson

MON UNIVERS

Voilà ma maison
Voilà ma rue
Voilà mon école
Voilà mon jardin

À L'ÉCOLE

Vive mon école !
Vive la classe !
Vive la récréation !
Vive les sorties !

JOYEUSES FÊTES !

Joyeuses Pâques !
Joyeux carnaval !
Joyeux anniversaire!
Joyeux Noël !

MES GESTES QUOTIDIENS

Quand je me lave
Quand je m'habille
Quand je mange
Quand je me soigne

MES ANIMAUX FAMILIERS

Mon chat
Mon chien
Mon hamster
Mon oiseau

LA NATURE

La forêt
Le verger
Le jardin
Le potager

Pour éclater de lire